Arizona

por Michelle Aki Becker

Consultore
Nanci R. Vargus, Ed.D.
Profesora asistente de lectura
Universidad de Indianápolis
Indianápolis, Indiana

Traductora
Eida DelRisco

Children's Press®
Una división de Scholastic Inc.
Nueva York   Toronto   Londres   Auckland   Sydney
Ciudad de México   Nueva Delhi   Hong Kong
Danbury, Connecticut

Diseño: Herman Adler Design
Investigadora de fotografías: Caroline Anderson
La foto de la cubierta muestra el Parque Nacional del Cacto Organ Pipe.

Información de Publicación de la Biblioteca del Congreso de los EE.UU.

Becker, Michelle Aki.
  [Arizona. Spanish]
  Arizona / Michelle Aki Becker.
    p. cm. — (Rookie espanol geografía)
Incluye un índice.
ISBN 0-516-25106-6 (lib. bdg.)   0-516-25512-6 (pbk.)
1. Arizona—Literatura juvenil. 2. Arizona—Geografía—Literatura juvenil.
I. Título. II. Series.
  F811.3.B4313 2004
  979.1—dc22
                                    2004005000

¿Has visto alguna vez el Gran Cañón?

El Gran Cañón está en Arizona. ¿Puedes encontrar Arizona en este mapa?

Es un estado que se encuentra en la parte suroeste de Estados Unidos.

CANADÁ

WASHINGTON

OREGON

IDAHO

MONTANA

DAKOTA
DEL NORTE

MINNESOTA

NUEVA HAMPSHIRE

VERMONT

MAINE

WYOMING

DAKOTA
DEL SUR

WISCONSIN

MICHIGAN

NUEVA YORK

MASSACHUSETTS
RHODE ISLAND
CONNECTICUT

NEVADA

UTAH

NEBRASKA

IOWA

OHIO

PENSILVANIA

NUEVA JERSEY
DELAWARE

ILLINOIS

INDIANA

WEST
VIRGINIA

MARYLAND

CALIFORNIA

COLORADO

KANSAS

MISSOURI

KENTUCKY

VIRGINIA

Washington, D.C.

ARIZONA

NUEVO
MÉXICO

OKLAHOMA

ARKANSAS

TENNESSEE

CAROLINA
DEL NORTE

TEXAS

MISSISSIPPI

ALABAMA

GEORGIA

CAROLINA
DEL SUR

LOUISIANA

FLORIDA

Norte

ALASKA

CANADÁ

MÉXICO

Oeste

Este

HAWAI

Sur

5

Una parte de Arizona
es un desierto.

Un desierto es un lugar
caliente y seco. En el
desierto crecen cactos.

En el desierto viven serpientes
de cascabel, perros de la pradera,
y muchos otros animales.

monstruo de Gila

El reyezuelo del cacto
es el símbolo del estado.

El río Colorado corre
por Arizona.

El agua de este río ha
tallado el Gran Cañón
del Colorado. Ha
erosionado las rocas
durante muchos años.

En el Gran Cañón hay
fósiles. Están escondidos
en las rocas.

Los fósiles son restos de
plantas y animales que
vivieron hace mucho tiempo.

Más de 4 millones de personas visitan cada año el Cañón del Colorado.

Los guardas forestales les hablan sobre el cañón.

Hace mucho tiempo,
los Anasazi construyeron
sus casas entre los
peñascos del cañón.

Los Anasazi eran
nativos americanos.

18

En Arizona, ya la gente
no vive en los peñascos.
Viven en todo tipo de casas.

La ciudad más grande de Arizona es Phoenix (fíniks). Es la capital del estado.

21

En Arizona, mucha gente trabaja en fábricas. Hacen computadoras y piezas para aviones.

Hay granjeros que cultivan, entre otras cosas, algodón y lechuga. También hay mineros que buscan cobre.

Lechuga

25

A mucha gente le gusta
visitar o vivir en Arizona.

Les gusta el clima cálido
y su maravillosa naturaleza.

¿Qué es lo que más
te gusta de Arizona?

Palabras que sabes

casa de los Anasazi

cacto

reyezuelo del cacto

desierto

fósil

Gran Cañón

lechuga

Phoenix

31

Índice

Acerca del autor

Michelle Aki Becker viaja a menudo por el país y escribe libros de geografía para niños. Le gusta aprender sobre la historia de los estados y visitar sus lugares más relevantes.

Créditos de las fotografías

Fotografías ©2004: Bob & Suzanne Clemenz: cover, 10, 14, 25, 26, 27, 29; Corbis Images/John Maher: 22; Dembinsky Photo Assoc.: 9, 30 abajo a la izquierda (Jim Battles), 13 (Dominique Braud), 6, 30 abajo a la derecha, 30 arriba a la derecha (Willard Clay); Peter Arnold Inc.: 8 (John Cancalosi), 3, 31 arriba a la derecha (John Kieffer); Robertstock.com/G.L. French: 18; Tom Bean: 12, 31 arriba a la izquierda; Tom Till Photography, Inc.: 17, 30 arriba a la izquierda.

Mapas de Bob Italiano